वर्क-लाइफ़ बैलेंस :

आधुनिक कार्यरत पेशेवरों के लिए प्रैक्टिकल स्ट्रेटेजीज़

लेखक: धर्मिल हिरानी

कॉपीराइट पेज

अनुमतियों और पूछताछ के लिए संपर्क करें:

लेखक: धर्मिल हिरानी

प्रथम संस्करण - 2025

स्वतंत्र रूप से मुद्रित/प्रकाशित

समर्पण

उन सभी लोगों को समर्पित

जो कड़ी मेहनत करते हैं, अपना सर्वश्रेष्ठ देते हैं,

और फिर भी अपने लिए स्थान बनाने की कोशिश करते हैं।

यह पुस्तक उन सभी पेशेवरों के लिए है

जिन्होंने कभी अपने-आप को थका हुआ, बोझिल, या अनदेखा

महसूस किया हो –

और फिर भी आगे बढ़ते रहे हों।

स्वीकृतियाँ

इस पुस्तक ने मुझे एक बात स्पष्ट सिखाई –

विकास तब शुरू होता है जब हम

सही परिस्थितियों का इंतज़ार करना छोड़ देते हैं

और अपनी स्वयं की प्रगति की ज़िम्मेदारी लेते हैं।

मैं उन सभी कार्यरत पेशेवरों का आभार व्यक्त करता हूँ

जो तनाव, दबाव और अनिश्चित परिस्थितियों के बावजूद

हर दिन अपना सर्वश्रेष्ठ देते रहते हैं।

आपकी दृढ़ता और अनुशासन

इस पुस्तक के उद्देश्य की प्रेरणा है।

जो लोग लगातार बढ़ती माँगों वाली दुनिया में संतुलन खोजते हैं –

यह कार्य आप ही के कारण अस्तित्व में है।

प्रस्तावना

वर्क-लाइफ़ बैलेंस कोई आधुनिक चर्चा का शब्द नहीं है –
यह आज के समय की आवश्यकता है।

यह पुस्तक दूरी से या केवल सिद्धांतों के आधार पर नहीं लिखी गई है।
यह उन वास्तविक संघर्षों से बनी है जिन्हें आज के पेशेवर
बर्नआउट, डिजिटल ओवरलोड, निरंतर दबाव,
और “हर हाल में प्रदर्शन करते रहो” जैसी अदृश्य अपेक्षाओं में झेलते हैं।

इस पुस्तक का उद्देश्य सरल है –
अव्यवस्थित सलाहों के बीच
प्रैक्टिकल और स्पष्ट दिशा देना।

*न तो पूर्णता, न अवास्तविक दिनचर्या – केवल ऐसे सिस्टम
जो वास्तविक जीवन में काम करें।*

हर अध्याय को इस तरह बनाया गया है
कि आप उसे तुरंत उपयोग में ला सकें –
चाहे आप इसे ब्रेक में पढ़ रहे हों,
तनाव भरी शाम में,
या शांत सप्ताहांत पर।

मेरा उद्देश्य आपका जीवन एक ही क्षण में बदलना नहीं है –
बल्कि आपको ऐसी आदतों की ओर ले जाना है
जो धीरे-धीरे आपके दिनों को अधिक स्वस्थ, शांत
और अर्थपूर्ण बनाती हैं।

यदि यह पुस्तक केवल एक व्यक्ति को भी
अपने समय, ऊर्जा और मानसिक शांति पर नियंत्रण वापस दिलाने में
मदद करती है,
तो यह अपना उद्देश्य पूरा कर चुकी होगी।

Contents

परिचय

यह पुस्तक क्यों मौजूद है

वर्क-लाइफ़ बैलेंस आज की पेशेवर दुनिया में
सबसे ज़्यादा बोला जाने वाला और सबसे ज़्यादा गलत समझा जाने वाला शब्द है।
हर कोई इसके बारे में बात करता है,
हर कोई इसे चाहता है,
लेकिन लगभग हर कोई इसे हासिल करने में संघर्ष कर रहा है।

कारण सरल है –
हम संतुलन के बारे में जिस तरह सोचते हैं,
वह आज की कार्यशैली के लिए पूरी तरह पुराना हो चुका है।

अधिकतर लोग मानते हैं कि संतुलन पाने का मतलब है:

- काम के घंटे कम करना
- ज़्यादा व्यवस्थित बनना
- एक और प्रोडक्टिविटी ऐप इस्तेमाल करना
- या हर चीज़ "परफेक्ट" तरीके से करने की कोशिश करना

लेकिन इनमें से कोई भी तरीका
वास्तविक समस्या को हल नहीं करता –
लगातार बढ़ता दबाव, डिजिटल ओवरलोड,
भावनात्मक थकान, और अवास्तविक अपेक्षाएँ।

यह पुस्तक इन भ्रमों को दूर करने के लिए अस्तित्व में आई है –
ताकि आप अपने पेशेवर और निजी जीवन
दोनों को संभालने का एक प्रैक्टिकल, वास्तविक
और टिकाऊ तरीका समझ सकें।

वास्तविक कार्यरत पेशेवरों के लिए एक व्यावहारिक मार्गदर्शिका

यह पुस्तक उन लोगों के लिए नहीं लिखी गई
जिनके पास अनलिमिटेड समय या परफेक्ट लाइफ हो।

यह पुस्तक लिखी गई है:

- डेडलाइन झेल रहे पेशेवरों के लिए
- हाइब्रिड या अनिश्चित शेड्यूल वाले कर्मचारियों के लिए
- तनाव और दबाव संभाल रहे लोगों के लिए

- मानसिक ओवरलोड से जूझ रहे व्यक्तियों के लिए
- वे लोग जो बेहतर फोकस, स्वास्थ्य और भावनात्मक स्थिरता चाहते हैं
- वे लोग जो करियर आगे बढ़ाना चाहते हैं
  बिना अपनी निजी ज़िंदगी खोए

यदि आपने कभी कहा है –
"सब कुछ तब संभालूँगा जब चीज़ें थोड़ी शांत होंगी,"
तो यह पुस्तक आपके लिए है...
क्योंकि चीज़ें शायद ही कभी शांत होती हैं।

आप क्या सीखेंगे

इस पुस्तक के अध्याय आपको सिखाएँगे:

- कैसे आधुनिक ऑफिस और टेक्नोलॉजी
  चुपचाप असंतुलन पैदा करते हैं
- कैसे अपने समय, आदतों और तनाव का
  स्वयं मूल्यांकन करना है

- वास्तविक ऑफिस वातावरण में काम करने वाले टाइम मैनेजमेंट सिस्टम
- कैसे बिना अपराधबोध के सीमाएँ तय करनी हैं
- कैसे बिना बर्नआउट के प्रोडक्टिव रहना है
- मानसिक और भावनात्मक स्पष्टता बनाए रखने की तकनीकें
- बेहतर स्वास्थ्य और ऊर्जा बनाए रखने वाली जीवनशैली आदतें
- डिजिटल अनुशासन
- और कैसे एक दीर्घकालिक, स्थिर व संतुलित जीवन प्रणाली बनानी है

यह सब सिद्धांत नहीं है।
यह सब व्यावहारिक है –
जिसे आप तुरंत लागू कर सकते हैं।

इस पुस्तक का उपयोग कैसे करे

इस पुस्तक को उद्देश्य के साथ पढ़ें।
एक समय में एक ही विचार लागू करें।
सब कुछ एक ही सप्ताह में बदलने की कोशिश न करें।

लक्ष्य *परफेक्शन* नहीं है –
लक्ष्य *प्रगति* है।

यदि आप केवल 20% विचार भी लागू कर लेते हैं,
तो आपका वर्क-लाइफ़ बैलेंस काफी बदल जाएगा।

और यदि आप पूरी प्रणाली को लगातार अपनाते हैं,
तो यह आपके काम करने, सोचने
और जीने का तरीका बदल देगा।

शुरू करने से पहले एक अंतिम शब्द

आप एक ऐसी ज़िंदगी के हकदार हैं जहाँ:

- काम आपको ऊर्जा दे – न कि थकाए
- निजी समय सुरक्षित रहे – न कि नोटिफिकेशन्स द्वारा चुराया जाए
- स्वास्थ्य बना रहे – न कि बलिदान हो

- रिश्ते बढ़ें – न कि दूर हों
- और सफलता का मतलब
  खुद को खो देना न हो

संतुलन कोई विलासिता नहीं –
यह आवश्यकता है।

चलो इसे बनाना शुरू करते हैं।

अध्याय - 1 : वर्क-लाइफ़ बैलेंस को समझना

1.1 वर्क-लाइफ़ बैलेंस का असली मतलब क्या है

वर्क-लाइफ़ बैलेंस का मतलब
अपने दिन को 50-50 हिस्सों में बाँटना नहीं है।
यह किसी भी नौकरी करने वाले वयस्क के लिए अवास्तविक सोच है।

असल संतुलन का मतलब यह है:

- आप अपने काम को पूरा कर सकें
  बिना अपनी शारीरिक या मानसिक सेहत खोए।

- काम करते समय आप लगातार
  थकान, चिंता या अपराधबोध महसूस न करें।

- आपके पास इतना समय और ऊर्जा बचे
  कि आप रिश्तों, रुचियों और व्यक्तिगत विकास
  के लिए जगह बना सकें।

संतुलन *घंटों* का खेल नहीं है –
यह *नियंत्रण* का खेल है।

जब काम आपके समय, मूड और निर्णयों को नियंत्रित करने लगे,
तो असंतुलन शुरू होता है।
जब आप अपनी सीमाएँ और दिनचर्या नियंत्रित करते हैं,
तो संतुलन वापिस आता है।

1.2 वर्क-लाइफ़ बैलेंस को क्यों गलत समझा जाता है

ज़्यादातर पेशेवर संतुलन को
"हर काम को परफेक्ट तरीके से करने" के रूप में समझते हैं।

यह सोच तीन कारणों से गलत है:

- काम की माँगें बदलती रहती हैं –
  कुछ हफ़्ते भारी होते हैं, कुछ हल्के।
  संतुलन को इन बदलावों के साथ चलना पड़ता है।

- जीवन के अलग चरणों में
  अलग-अलग तरीकों की आवश्यकता होती है –
  जो 25 साल की उम्र में काम करे,
  वही 40 साल की उम्र में परिवार के साथ

लागू नहीं हो सकता।

- संतुलन का मतलब कम काम नहीं है –
  इसका मतलब *स्मार्ट काम* है –
  कब आगे बढ़ना है और कब रुककर रिकवर करना है।

लोग एक ऐसे आदर्श संतुलन का पीछा करते हैं
जो अस्तित्व में ही नहीं है –
इसलिए वे अच्छे काम के बावजूद
खुद को असफल महसूस करते हैं।

1.3 बैलेंस बनाम वर्क-लाइफ़ इंटीग्रेशन

आज की कार्य संस्कृति में
ऑफिस और घर को पूरी तरह अलग रखना
हमेशा संभव नहीं है।

इसीलिए कई पेशेवर
वर्क-लाइफ़ इंटीग्रेशन अपनाते हैं, जिसका अर्थ है:

- काम और व्यक्तिगत गतिविधियों को
  स्वस्थ तरीके से मिलाकर चलाना

- ज़रूरत होने पर छोटे ब्रेक लेना
  बजाय लगातार "पावर थ्रू" करने के

- लचीले समय का उपयोग करना
  लेकिन इसे 24/7 उपलब्धता में बदलने न देना

- मिनटों और घंटों के पीछे भागने के बजाय
  अपनी *ऊर्जा* को मैनेज करना

बैलेंस = चीज़ों को अलग रखना
इंटीग्रेशन = चीज़ों को समझदारी से मिलाना

ज़्यादातर पेशेवरों को दोनों का मिश्रण चाहिए।

1.4 वर्क-लाइफ़ बैलेंस के मुख्य स्तंभ

वर्क-लाइफ़ बैलेंस चार मजबूत स्तंभों पर टिका है।
इनमें से कोई एक भी टूट जाए,
तो पूरा ढाँचा कमजोर हो जाता है।

1) समय प्रबंधन

यह दिन में ज़्यादा काम ठूँसने का खेल नहीं है।
यह है:

- सही कार्यों की प्राथमिकता तय करना
- अनावश्यक काम हटाना
- "व्यस्त लेकिन बेकार" आदतों से बचना
- दिन को वास्तविकता के अनुसार प्लान करना

समय को गलत तरह से संभालने वाले लोग
ज़्यादा काम करते हैं, लेकिन कम हासिल करते हैं।

2) ऊर्जा प्रबंधन

आप मशीन नहीं हैं।
आपकी ऊर्जा दिनभर ऊपर-नीचे होती रहती है।

अगर आप इस नैचुरल रिदम को नज़रअंदाज़ करते हैं,
तो काम की गुणवत्ता गिरती है
और दिन देर रात तक खिंच जाता है।

ऊर्जा प्रबंधन का मतलब है:

- ब्रेक को समय पर लेना
- मल्टीटास्किंग से बचना

- अपने पीक फोकस आवर्स पहचानना
- साफ सोच के लिए पर्याप्त नींद लेना

आप सिर्फ समय नहीं चला रहे –
आप अपनी *क्षमता* चला रहे हैं।

3) ध्यान प्रबंधन

ध्यान भटकना,
काम के बोझ से ज़्यादा संतुलन को नष्ट करता है।

पेशेवर लोग घंटे खो देते हैं:

- नोटिफिकेशन्स
- ऑफिस रुकावटें
- मानसिक मल्टीटास्किंग
- सोशल मीडिया
- ईमेल ओवरलोड

ध्यान को वहीं लगाना
जहाँ इसका मूल्य है – यही संतुलन की कुंजी है।

4) सीमाएँ

सीमाएँ न होने पर
हर चीज़ "तत्काल" बन जाती है
और हर काम आपकी निजी ज़िंदगी में घुस आता है।

कमज़ोर सीमाओं के उदाहरण:

- डिनर के समय संदेशों का जवाब देना
- "बस एक काम और..." कहकर देर रात काम करना
- वीकेंड पर कॉल्स उठाना
- दूसरों के काम का बोझ खुद पर ले लेना

मज़बूत सीमाएँ
आपके समय, ऊर्जा और मानसिक स्पेस की रक्षा करती हैं।

1.5 वर्क-लाइफ़ बैलेंस की अनदेखी का नुकसान

जब पेशेवर संतुलन को अनदेखा करते हैं,
तो इसके गंभीर परिणाम सामने आते हैं:

- लगातार तनाव
- काम की गुणवत्ता में गिरावट
- चिड़चिड़ापन और भावनात्मक थकान
- खराब नींद
- प्रेरणा का कम होना
- रिश्तों में तनाव
- रचनात्मकता और समस्या समाधान की क्षमता का कम होना

सबसे बुरा परिणाम है **बर्नआउट** –
एक ऐसी स्थिति जहां दिमाग काम करने से इनकार कर देता है।

बर्नआउट से बाहर आने में
महीनों लग सकते हैं।

1.6 आगे आप क्या सीखेंगे

यह अध्याय नींव था।

आगे आप सीखेंगे:

- असंतुलन के पीछे का विज्ञान
- अपनी वर्तमान जीवनशैली का विश्लेषण कैसे करें
- समय, ऊर्जा और ध्यान प्रबंधन के उपकरण
- सीमाएँ स्थापित करने की रणनीतियाँ
- हाई-प्रेशर नौकरियों में भी
  लंबे समय तक संतुलन बनाए रखने के सिस्टम

अध्याय - 2 : वर्क-लाइफ़ बैलेंस के पीछे का विज्ञान

2.1 असंतुलन क्यों होता है : जैविक वास्तविकता

वर्क-लाइफ़ असंतुलन केवल "बहुत काम" होने की समस्या नहीं है।
आपके शरीर और दिमाग की एक सीमा होती है।
जब काम की माँगें इन सीमाओं को पार कर जाती हैं,
तो चाहे आप कितने भी मजबूत हों – टूटना शुरू हो जाता है।

यहाँ अंदर क्या होता है:

1) तनाव हार्मोन बढ़ जाते हैं

जब आप झेलते हैं:

- डेडलाइन
- लगातार दबाव
- ऊँची अपेक्षाएँ

- अनिश्चित कार्य
- ऑफिस राजनीति

तो आपका दिमाग **कॉर्टिसोल** और **एड्रेनालिन** रिलीज़ करता है।

कम समय के लिए → मददगार
लंबे समय के लिए → विनाशकारी

उच्च कॉर्टिसोल के प्रभाव:

- चिंता
- कमजोर नींद
- थकान
- मूड स्विंग
- रोग प्रतिरोधक क्षमता में कमी
- ध्यान लगाने में कठिनाई

अधिकतर लोग इसे “बस थोड़ा थका हुआ हूँ” समझते हैं,
लेकिन यह वास्तविक **क्रोनिक स्ट्रेस** होता है।

2) प्रीफ्रंटल कॉर्टेक्स ओवरलोड हो जाता है

दिमाग का यह हिस्सा संभालता है:

- निर्णय लेना
- प्लानिंग
- समस्या-समाधान
- अल्पकालिक स्मृति

बहुत अधिक दबाव दिमाग को **सर्वाइवल मोड** में धकेल देता है।
इससे आपकी सोचने की क्षमता कमजोर हो जाती है।

इसी कारण आप:

- सरल बातें भूल जाते हैं
- गलत निर्णय लेते हैं
- मानसिक धुंध ("brain fog") महसूस करते हैं

3) डोपामिन का असंतुलन

काम के लगातार नोटिफिकेशन
कृत्रिम डोपामिन स्पाइक बनाते हैं।

दिमाग इन चीज़ों का आदी हो जाता है:

- ईमेल
- संदेश
- तुरंत जवाब देना
- टास्क पूरा होने की “पिंग”

इसका परिणाम:

- बार-बार फोन चेक करना
- आराम न कर पाना
- ब्रेक के दौरान बेचैनी
- घर पहुँचकर भी “स्विच ऑफ” न होना

आप मानसिक रूप से हमेशा “ON” मोड में फँस जाते हैं।

2.2 बर्नआउट : यह क्या है और क्यों खतरनाक है

बर्नआउट थकान नहीं है।

बर्नआउट मानसिक और भावनात्मक **शटडाउन** है

जो लंबे समय तक तनाव में रहने से होता है।

डब्ल्यू. एच. ओ. के अनुसार बर्नआउट के 3 मुख्य लक्षण:

1) अत्यधिक थकान

नींद से भी ठीक नहीं होती।

सुबह उठकर भी थका हुआ महसूस होता है।

वे चीज़ें जिनमें पहले खुशी मिलती थी –

अब बोझ लगने लगती हैं।

2) निंदकता / भावनात्मक दूरी

आपके विचार बदल जाते हैं:

- "मैं यह क्यों कर रहा हूँ?"
- "कुछ भी बदलता नहीं।"
- "लोग बहुत उम्मीद करते हैं।"
- "सब परेशान करते हैं।"

यह दिमाग का खुद को बचाने का तरीका है –
भावनात्मक दूरी बनाना।

3) कामकाज की क्षमता में गिरावट

आप:

- धीमे काम करते हैं
- ज्यादा गलतियाँ करते हैं
- रचनात्मक नहीं रह पाते
- फोकस नहीं कर पाते
- परिणामों की परवाह कम होने लगती है

यह आलस नहीं है –
यह बर्नआउट है।

2.3 संज्ञानात्मक ओवरलोड : जब बहुत अधिक जानकारी दिमाग तोड़ देती है

दिमाग एक समय में
सीमित जानकारी ही प्रोसेस कर सकता है।

लेकिन आधुनिक कार्य वातावरण
इस सीमा को हर दिन तोड़ देता है।

सूचना का ओवरलोड:

- ईमेल
- मीटिंग
- कॉल्स
- व्हाट्सऐप ग्रुप
- स्लैक/टीम्स संदेश
- रिपोर्ट
- टार्गेट
- अचानक आने वाले काम

परिणाम:

- खराब निर्णय
- चिड़चिड़ापन

- निर्णय न ले पाना
- भूलने की आदत
- भ्रम और तनाव

इसीलिए भारी दिनों में
साधारण काम भी कठिन लगते हैं।

2.4 टेक्नोलॉजी और 24/7 कार्यस्थल का जाल

टेक्नोलॉजी काम आसान बनाने के लिए आई थी।
लेकिन अब उसने आपको हर समय उपलब्ध बना दिया है।

आज पेशेवर चार बड़े डिजिटल जाल में फँसते हैं:

1) डिजिटल थकान

लगातार स्क्रीन देखने से
मानसिक ऊर्जा तेजी से गिरती है।

2) सीमाएँ धुंधली हो जाना

काम के चैट निजी समय में घुस आते हैं।
वीकेंड तक बाधित हो जाता है।
छुट्टियाँ भी "जल्दी बता दूँ" से खराब हो जाती हैं।

3) नोटिफिकेशन चिंता

हर संदेश का तुरंत जवाब देने का दबाव।

4) "हमेशा उपलब्ध" संस्कृति

जो लोग 24/7 व्यस्त दिखते हैं
उन्हें "समर्पित" माना जाता है।
बाकी सब इस दबाव में फँसते हैं।

2.5 असंतुलन का मनोवैज्ञानिक चक्र

कई पेशेवर वर्षों तक असंतुलन में फँसे रहते हैं
क्योंकि वे इस चक्र में घुस जाते हैं:

चरण 1: दबाव बढ़ता है
चरण 2: आप उससे निपटने के लिए ज्यादा काम करते हैं
चरण 3: अतिश्रम से उत्पादकता घटती है
चरण 4: और दबाव बढ़ जाता है
चरण 5: आप फिर ज्यादा काम करते हैं

यह चक्र तब तक चलता रहता है

जब तक बर्नआउट नहीं हो जाता।

2.6 पेशेवर इन संकेतों को क्यों नज़रअंदाज़ करते हैं

लोग असंतुलन को समय रहते नहीं रोकते

क्योंकि वे खुद से 3 झूठ बोलते हैं:

झूठ 1: "यह बस अस्थायी है।"

अस्थायी तनाव,

सीमाएँ न होने पर स्थायी बन जाता है।

झूठ 2: "मैं सब संभाल लूँगा।"

आपकी जीवविज्ञान को आपके अहंकार से फर्क नहीं पड़ता।

सीमा पार की तो शरीर टूटेगा ही।

झूठ 3: "सब लोग ठीक से मैनेज कर रहे हैं।"

गलत।

ज़्यादातर लोग चुपचाप संघर्ष कर रहे हैं –

वे बस दिखाते नहीं।

2.7 विज्ञान का सार

आपने सीखा:

- तनाव शरीर को बदल देता है
- बर्नआउट प्रेरणा और क्षमता को नष्ट करता है
- ओवरलोड सोचने की क्षमता कमजोर करता है
- टेक्नोलॉजी छिपा हुआ असंतुलन पैदा करती है
- पेशेवर अक्सर चेतावनी संकेतों को अनदेखा करते हैं

अध्याय - 3 : अपनी वर्तमान जीवन-संतुलन का मूल्यांकन

3.1 सुधार शुरू करने से पहले मापना क्यों ज़रूरी है

अधिकतर पेशेवर सीधे समाधान पर कूद पड़ते हैं –

- नया प्लैनर
- नई दिनचर्या
- नए प्रोडक्टिविटी हैक्स

लेकिन बिना *बेसलाइन* के
हर समाधान अनुमान बन जाता है।

अगर आपको यह नहीं पता किः

- आपका समय वास्तव में कहाँ जा रहा है
- आपकी ऊर्जा क्या खत्म कर रही है

- कौन-सी ज़िम्मेदारियाँ अनावश्यक हैं
- कौन-सी आदतें संतुलन बिगाड़ रही हैं

तो कोई भी परिवर्तन अस्थायी होगा।

स्पष्टता हमेशा सुधार से पहले आती है।

यह अध्याय आपको उन पैटर्नों का सामना करवाएगा
जिन्हें आपने अनदेखा कर रखा था।

3.2 जीवन का पहिया मूल्यांकन

यह एक सरल लेकिन शक्तिशाली उपकरण है
जिससे आप जीवन के विभिन्न क्षेत्रों में
अपने संतुलन को मापते हैं।

प्रत्येक क्षेत्र को 1 से 10 के बीच अंक दें:

- करियर / काम
- शारीरिक स्वास्थ्य
- मानसिक स्वास्थ्य

- रिश्ते
- वित्त
- व्यक्तिगत विकास
- मनोरंजन / हॉबी
- परिवेश (घर/कार्यस्थल)

फिर अपने अंकों को देखें:

8–10 → अच्छा प्रबंधन
5–7 → औसत लेकिन अस्थिर
1–4 → गंभीर असंतुलन
0 → आप इस क्षेत्र को छोड़ चुके हैं
(हाँ, कई पेशेवर ऐसा अनजाने में कर बैठते हैं।)

आमतौर पर पैटर्न ऐसा होता है:

- करियर = ऊँचा
- रिश्ते = गिरावट
- मनोरंजन = लगभग खत्म
- मानसिक स्वास्थ्य = अस्थिर

- शारीरिक स्वास्थ्य = उपेक्षित

यही वर्क-लाइफ़ असंतुलन की जड़ है।

3.3 समय ऑडिट : आपका दिन वास्तव में कहाँ जाता है

लोग *सोचते* हैं कि वे समय कहाँ खर्च करते हैं।
वास्तविकता कुछ और होती है।

एक सही समय ऑडिट सच सामने लाता है।

3-दिन का समय ऑडिट कैसे करें:

हर गतिविधि को 30-मिनट ब्लॉक्स में दर्ज करें:

जैसे–

- काम के कार्य
- मीटिंग
- कॉल्स
- यात्रा

- सोशल मीडिया स्क्रॉलिंग
- खाना
- आराम
- परिवार समय
- नींद
- "व्यस्त होने का दिखावा करते हुए कुछ न करना" (हाँ, इसे भी लिखें)

3 दिन के बाद अपने समय को वर्गों में बाँटें:

- फोकस्ड वर्क
- शैलो / एडमिन वर्क
- ध्यान भटकाने वाले कार्य
- व्यक्तिगत समय
- रिकवरी (नींद/आराम)

आप पाएँगे:

- आप ओवरलोडेड नहीं– **गलत दिशा में इस्तेमाल** हो रहे हैं।
- आप जितना मानते हैं उससे अधिक समय *छोटे, कम-मूल्य वाले कार्यों* पर बर्बाद होता है।
- आपका असली फोकस टाइम बहुत कम है।
- आपकी रिकवरी लगभग शून्य है।

यह अकेला अभ्यास आपकी आँखें खोल देगा।

3.4 अपने कार्य-तनाव ट्रिगर्स की पहचान

तनाव “काम” से नहीं आता।
तनाव विशेष **ट्रिगर्स** से आता है।

पेशेवरों के सामान्य तनाव ट्रिगर्स:

- अस्पष्ट अपेक्षाएँ
- एक साथ बहुत सारे कार्य
- लगातार रुकावटें
- नकारात्मक या विषैले सहकर्मी

- माइक्रोमैनेजमेंट
- अवास्तविक डेडलाइन
- मेहनत का सम्मान न मिलना
- डिजिटल ओवरलोड
- ऑफिस राजनीति
- नौकरी की असुरक्षा

अपने ट्रिगर्स पहचानने का तरीका:

लिखें–

- कौन-सी स्थितियाँ आपकी ऊर्जा तुरंत गिरा देती हैं
- कौन-से लोग आपका तनाव बढ़ाते हैं
- कौन-से कार्य आप टालते हैं क्योंकि वे मानसिक रूप से थका देते हैं
- किस समय आपका मूड अचानक नीचे चला जाता है

आप पैटर्न देखेंगे-

और तब आप "काम" को दोष देना बंद करके

वास्तविक कारणों को ठीक कर पाएँगे।

3.5 व्यक्तिगत ऊर्जा ऑडिट

संतुलन समय का नहीं –

ऊर्जा का खेल है।

हर श्रेणी को 1 से 10 में रेट करें:

- **शारीरिक ऊर्जा** - कितनी बार तरोताज़ा महसूस करते हैं?
- **भावनात्मक ऊर्जा** - मूड कितना स्थिर है?
- **मानसिक ऊर्जा** - फोकस कितना रहता है?
- **सामाजिक ऊर्जा** - बातचीत आपको थकाती है या ऊर्जा देती है?
- **आंतरिक ऊर्जा / उद्देश्य** - क्या आपके दिन में अर्थ महसूस होता है?

यदि कई श्रेणियों में अंक 6 से कम हैं,

तो समस्या समय की नहीं–

ऊर्जा लीकेज की है।

आम ऊर्जा लीकेज:

- **खराब नींद**
- **ज़्यादा स्क्रीन टाइम**
- **समय पर भोजन न करना**
- **बिना ब्रेक के काम**
- **बहुत ज्यादा मल्टीटास्किंग**
- **कोई शारीरिक गतिविधि नहीं**
- **हमेशा उपलब्ध रहना**

लीकेज बंद करें → संतुलन लौट आएगा।

3.6 अपने "ओवरलोड पैटर्न" पहचानना

हर पेशेवर में कुछ निश्चित पैटर्न होते हैं

जो संतुलन बिगाड़ते हैं।

सबसे आम पाँच पैटर्न:

1) "हाँ मशीन"

हर अनुरोध मान लेना → ओवरलोड।

2) "फायरफाइटर"

हर दिन संकट मोड में काम –

क्योंकि पहले से योजना नहीं बनाते।

3) "परफेक्शनिस्ट"

जो चीज़ 90% पर अच्छी है

उसे 100% बनाने में घंटों बर्बाद करना।

4) "अदृश्य मल्टीटास्कर"

एक साथ 5 काम करने की कोशिश
→ कोई भी काम प्रभावी नहीं।

5) "वीकेंड रिकवरर"

वीकडेज़ में पूरी तरह थक जाना

और वीकेंड सिर्फ उबरने में निकल जाना।

इनमें से 2-3 पैटर्न

अधिकतर पेशेवरों में मिलते हैं।

3.7 आपका व्यक्तिगत संतुलन स्कोर

ईमानदारी से जवाब दें:

- **क्या आप रात में या खाने के समय भी काम के बारे में सोचते हैं?**
- **क्या सुबह उठते ही फोन चेक करते हैं?**
- **क्या आप पूरी नींद के बाद भी थका हुआ महसूस करते हैं?**
- **क्या आपको बिना काम किए अपराधबोध होता है?**
- **क्या वीकेंड बहुत छोटा लगता है क्योंकि आप रिकवरी में लगे रहते हैं?**
- **क्या आप ऐसे काम भी "हाँ" कह देते हैं जो आप नहीं करना चाहते?**
- **क्या आप बिना कारण चिड़चिड़े हो जाते हैं?**
- **क्या छोटे काम भी कभी-कभी भारी लगते हैं?**

स्कोर:

- **0–2 हाँ → संतुलित**
- **3–5 हाँ → जोखिम में**
- **6–8 हाँ → बहुत असंतुलित (तुरंत बदलाव की ज़रूरत)**

3.8 सारांश

आपने अब तक:

- जीवन के विभिन्न क्षेत्रों का मूल्यांकन किया
- समय कहाँ जाता है, उसका डेटा पाया
- तनाव ट्रिगर्स पहचाने
- ऊर्जा लीकेज पहचानें
- अपने असंतुलन पैटर्न समझे

यह स्पष्टता आगे आने वाले अध्यायों की नींव है–
अब हम मूल्यांकन से बढ़कर
सीधे **व्यावहारिक सुधार** की तरफ बढ़ते हैं।

अध्याय - 4 : समय प्रबंधन की बुनियाद

4.1 समय प्रबंधन वह नहीं है जो आप सोचते हैं

अधिकतर पेशेवर मानते हैं कि समय प्रबंधन का मतलब है:

- दिन में ज़्यादा काम ठूँसना
- तेज़ी से काम करना
- मल्टीटास्किंग करना
- नया प्लैनर खरीदना

ये सब गलत है।

असली समय प्रबंधन = यह चुनना कि क्या *नहीं* करना है।

आपको ज़्यादा घंटे नहीं चाहिए –
आपको **बेहतर प्राथमिकताएँ** चाहिएं।

अगर आप “सब कुछ” करने की कोशिश करेंगे,
तो आप लगभग हर चीज़ में असफल रहेंगे।

स्मार्ट पेशेवर पहले **अनावश्यक चीज़ें हटाते हैं**,
फिर बाकी को ऑप्टिमाइज़ करते हैं।

4.2 80/20 नियम : आपका प्रोडक्टिविटी मल्टिप्लायर

परेटो प्रिंसिपल कहता है:

- **आपके 20% कार्य 80% परिणाम लाते हैं।**
- **आपकी 20% समस्याएँ 80% तनाव पैदा करती हैं।**

पेशेवर वह काम करते रहते हैं
जो “महसूस” होता है कि प्रोडक्टिव है
लेकिन असल में कम मूल्य का होता है।

80/20 लागू कैसे करें:

हर दिन खुद से पूछें:

- “आज मेरे कौन-से 20% कार्य
  वास्तव में आगे बढ़ाएँगे?”

- “कौन-से कार्य दिखते जरूरी हैं
  लेकिन असल में महत्वहीन हैं?”

- “कौन-सी गतिविधियाँ कोई रिटर्न नहीं देतीं?”

एक बार जब आप अपने 20% को पहचान लेते हैं,
तो आपका पूरा दिन उसी के इर्द-गिर्द बनता है।

बाकी सब पृष्ठभूमि शोर है।

4.3 प्राथमिकता मैट्रिक्स

यह समय प्रबंधन के सबसे सरल
और सबसे प्रभावी उपकरणों में से एक है।

कार्य चार श्रेणियों में बाँटें:

1) अत्यावश्यक + महत्वपूर्ण

- संकट स्थितियाँ

- नज़दीकी डेडलाइन

- उच्च-प्रभाव वाला काम

इन्हें सबसे पहले करें।

2) गैर-अत्यावश्यक + महत्वपूर्ण

- प्लानिंग
- स्वास्थ्य
- कौशल विकास
- दीर्घकालिक लक्ष्य

यही वह कार्य हैं
जो भविष्य बनाते हैं –
लेकिन पेशेवर इन्हें अक्सर टालते रहते हैं
जब तक ये संकट में न बदल जाएँ।

इन्हें रोज़ शेड्यूल करें।

3) अत्यावश्यक + महत्वहीन

- रुकावटें

- दूसरे लोगों की खराब योजना
- बेकार की तुरंत वाली माँगें

इन पर "ना" कहना या डेलीगेट करना सीखें।

4) गैर-अत्यावश्यक + महत्वहीन

- बेवजह सोशल मीडिया
- ऑफिस गॉसिप
- बार-बार एक ही चीज़ चेक करना
- व्यस्त दिखने वाला काम

इन्हें हटाएँ।

4.4 टाइम ब्लॉकिंग : अपने दिन पर नियंत्रण

अगर आप अपने दिन को नियंत्रित नहीं करेंगे,
तो हर रुकावट खुशी-खुशी इसे नियंत्रित कर लेगी।

टाइम ब्लॉकिंग का मतलब है

निर्धारित समय को

निर्धारित कार्य देना।

उदाहरण दिन संरचना:

- 9:30–11:00 → डीप वर्क (सबसे महत्वपूर्ण काम)
- 11:00–11:20 → ब्रेक
- 11:20–12:30 → सामान्य/मध्यम कार्य
- 2:00–4:00 → मीटिंग / सहयोग
- 4:00–5:00 → फॉलो-अप, हल्का काम

इसके फायदे:

- कम स्विचिंग
- बेहतर फोकस
- स्थिर ऊर्जा स्तर
- व्यवस्थित दिन

टाइम ब्लॉकिंग अपनाने वाले पेशेवर
5 घंटे में उतना कर लेते हैं
जितना बाकी 10 घंटे में भी नहीं कर पाते।

4.5 टास्क बैचिंग : कॉन्टेक्स्ट स्विचिंग खत्म करें

बार-बार कार्य बदलने से
दिमाग हर बार कुछ मिनट खोता है।

समाधानः
एक जैसे कार्यों को एक साथ करना।

उदाहरणः

- दिन में सिर्फ 2-3 बार ईमेल चेक करना
- सभी कॉल एक ही ब्लॉक में करना
- सभी एडमिन कार्य साथ में करना
- क्रिएटिव काम बिना रुकावट के करना

बैचिंग आपको हर सप्ताह
कई घंटे बचा देती है।

4.6 सिंगल-टास्क नियम

मल्टीटास्किंग प्रोडक्टिविटी नहीं है –
यह भ्रम है।

दिमाग एक समय में
दो उच्च-फोकस कार्य नहीं कर सकता।

मल्टीटास्किंग में होता यह है:

- लगातार स्विचिंग
- फोकस टूटना
- गलतियाँ
- काम लंबा खिंचना

सिंगल टास्किंग = तेज़, बेहतर, साफ़ काम।

कैसे करें:

- एक ही काम चुनें
- नोटिफिकेशन बंद करें

- 25-45 मिनिट का टाइमर लगाएँ
- बिना स्विच किए काम करें
- ब्रेक लें
- दोहराएँ

यही वास्तव में डीप वर्क है।

4.7 वास्तविक दैनिक लक्ष्य सेट करना सीखें

अधिकतर पेशेवर
अपने दिन को अवास्तविक बना देते हैं –
20 कार्य लिस्ट में डालते हैं,
लेकिन वास्तव में 7-8 कर सकते हैं।

परिणामः

- तनाव
- अपराधबोध

- ओवरवेल्म
- खराब गुणवत्ता

3-3-3 योजना बनाएँ:

- **3 महत्वपूर्ण कार्य**
- **3 मध्यम कार्य**
- **3 त्वरित छोटे कार्य (5-10 मिनट)**

यह योजना प्रोडक्टिव भी है
और पूरी होने योग्य भी।

4.8 साप्ताहिक योजना का रिवाज

दैनिक योजना अच्छी है।
साप्ताहिक योजना उससे भी बेहतर।

हर रविवार या सोमवार सुबह देखें:

- पिछला सप्ताह कैसा रहा
- किसमें समय बर्बाद हुआ

- इस सप्ताह क्या ज़रूरी है
- मुख्य डेडलाइन
- व्यक्तिगत प्रतिबद्धताएँ
- रिकवरी समय

फिर बनाएं अपना **साप्ताहिक रोडमैप**:

- 2–3 बड़े कार्य लक्ष्य
- 1 स्वास्थ्य लक्ष्य
- 1 रिश्ते/सोशल लक्ष्य
- 1 व्यक्तिगत विकास लक्ष्य

इससे काम और जीवन
आपस में टकराते नहीं –
साथ चलते हैं।

4.9 समय चोर जिन्हें खत्म करना ज़रूरी है

कुछ आदतें आपकी हर योजना को
ध्वस्त कर देंगी:

- बार-बार संदेश चेक करना
- “हाँ” तुरंत बोल देना
- ब्रेक में स्क्रॉलिंग
- बेकार की मीटिंग
- दूसरों का काम खुद करना
- छोटे फैसले ज़्यादा सोचना
- प्लानिंग न करना
- ऑफिस के बाद भी कनेक्टेड रहना

यदि आप समय चोर नहीं हटाएँगे,
तो कोई भी सिस्टम आपको नहीं बचाएगा।

4.10 अपना व्यक्तिगत टाइम सिस्टम बनाना (सरल ढाँचा)

हर सप्ताह यह करें:

- अपनी प्राथमिकताएँ चुनें (80/20)
- रविवार को सप्ताह की योजना बनाएं
- डीप वर्क समय ब्लॉक करें
- रूटीन कार्य बैच करें
- संदेश चेक करने के समय सीमित रखें
- दिन के अंत में रिव्यू करें
- प्रतिदिन और प्रति सप्ताह रीसेट करें

लगातार यह प्रणाली अपनाने से
काम की गुणवत्ता और गति दोनों बढ़ेंगी
बिना अधिक घंटे लगाए।

4.11 सारांश

आपने इस अध्याय में सीखा:

- समय प्रबंधन = प्राथमिकता प्रबंधन

- **80/20 नियम से अधिक परिणाम**
- **प्राथमिकता मैट्रिक्स से फर्जी तात्कालिकता हटाना**
- **टाइम ब्लॉकिंग और बैचिंग**
- **सिंगल टास्किंग से डीप फोकस**
- **वास्तविक दैनिक लक्ष्य**
- **साप्ताहिक योजना**
- **समय चोरों की पहचान**

अब आप अध्याय 5 के लिए तैयार हैं –
जहाँ आप सीखेंगे *सीमाएँ बनाना और "ना" कहना बिना अपराधबोध के।*

अध्याय - 5 : सीमाएँ और बिना अपराधबोध के "ना" कहना

5.1 पेशेवर सीमाएँ बनाने में क्यों संघर्ष करते हैं

लगभग हर पेशेवर जानता है कि सीमाएँ ज़रूरी हैं...
लेकिन वे सीमाएँ नहीं बनाते क्योंकि उन्हें डर लगता है:

- असहयोगी दिखने का
- अवसर छूटने का
- बॉस को निराश करने का
- सहकर्मियों के जज करने का
- ऑफिस राजनीति का
- संघर्ष का
- "कम उपयोगी" समझे जाने का

इस डर के कारण वे हर चीज़ को हाँ कह देते हैं–

काम, कॉल, संदेश, मीटिंग–

और उनका पूरा दिन

दूसरों की प्राथमिकताओं में खो जाता है।

अगर आप अपनी सीमाएँ खुद नहीं बनाएँगे,

तो दूसरे आपकी सीमाएँ तय कर देंगे–

और वे कभी आपके हित में नहीं होंगी।

5.2 कमजोर सीमाओं की असली कीमत

कमज़ोर सीमाएँ केवल संतुलन नहीं बिगाड़तीं–

वे नष्ट करती हैं:

- उत्पादकता
- भावनात्मक स्थिरता
- व्यक्तिगत समय
- रिश्ते
- नींद
- मानसिक स्पष्टता

- ऊर्जा स्तर

कमज़ोर सीमाओं वाले लोग:

- ज़रूरत से ज़्यादा काम करते हैं
- ज़रूरत से ज़्यादा सोचते हैं
- ज़रूरत से ज़्यादा वादे कर लेते हैं
- खुद को कम आँकते हैं

अगर आप अपना समय नहीं बचाएँगे,
तो कोई और नहीं बचाएगा।

5.3 हर पेशेवर को चार प्रकार की सीमाएँ चाहिए

1) समय सीमाएँ

यह तय करना कि आप कब काम करते हैं
और कब नहीं।

उदाहरण:

- निश्चित समय के बाद ईमेल न चेक करना
- डीप वर्क का समय ब्लॉक करना
- आखिरी मिनट की नकली "जरूरी" माँगें अस्वीकार करना

2) भावनात्मक सीमाएँ

अपनी मानसिक स्थिति को दूसरों के दबाव और नकारात्मकता से बचाना।

उदाहरण:

- ऑफिस गॉसिप से बचना
- ऊर्जा चूसने वाले सहकर्मियों से दूरी
- दूसरों का तनाव अपने ऊपर न लेना

3) डिजिटल सीमाएँ

टेक्नोलॉजी आपको
कब और कैसे बाधित कर सकती है– यह नियंत्रित करना।

उदाहरण:

- गैर-जरूरी नोटिफिकेशन बंद करना

- भोजन के समय काम के ऐप न चेक करना
- हर संदेश का तुरंत जवाब न देना

4) सामाजिक सीमाएँ

काम पर अपनी उपलब्धता की स्पष्ट अपेक्षाएँ तय करना।

उदाहरण:

- असंगत कार्यों से विनम्रता से मना करना
- काम पहले से भरा हो तो अतिरिक्त जिम्मेदारियों को रोकना
- वर्कलोड असंभव हो जाए तो स्पष्ट रूप से कहना

5.4 "आंतरिक अनुमति" नियम

बाहरी दुनिया में सीमाएँ लागू करने से पहले
आपको खुद को अनुमति देनी होगी
अपना समय और ऊर्जा बचाने की।

अधिकतर पेशेवरों में क्षमता नहीं –
आंतरिक अनुमति की कमी होती है।

इन सच्चाइयों को स्वीकार करना ज़रूरी है:

- आप सबकी समस्या हल करने के लिए बाध्य नहीं हैं।
- “व्यस्त” होना मूल्यवान होने का प्रमाण नहीं।
- ब्रेक लेना आलस नहीं।
- “ना” कहना बदतमीज़ी नहीं।
- अपनी सेहत बचाना
  किसी को खुश करने से ज़्यादा महत्वपूर्ण है।

जब तक आप यह स्वीकार नहीं करेंगे,
हर सीमा असहज लगेगी।

5.5 कब “ना” कहना चाहिए (5 चेतावनी संकेत)

आपको तुरंत “ना” कहना चाहिए जब:

1. कार्य आपकी प्राथमिकताओं से मेल न खाता हो
2. अनुरोध दूसरे की खराब योजना का परिणाम हो
3. यह आपके डीप वर्क समय में हस्तक्षेप करे

4. यह आपके परिवार / निजी समय को खा जाए

5. आपकी इच्छा से नहीं, अपराधबोध से "हाँ" निकल रही हो

अपराधबोध से निकली हाँ
हमेशा गलत निर्णय होती है।

5.6 विनम्र लेकिन दृढ़ता से "ना" कैसे कहें

ये कुछ सरल, प्रोफेशनल स्क्रिप्ट हैं:

1) जब आपका शेड्यूल भरा हो

"इस समय मेरी प्राथमिकता वाले कार्य भरे हुए हैं।
मैं इसे ___ के बाद देख सकता हूँ।"

2) जब यह आपका कार्यक्षेत्र न हो

"यह कार्य ___ की जिम्मेदारी में आता है।
वे इसे बेहतर संभालेंगे।"

3) जब कोई आखिरी मिनट में काम थोपे

"मैं मदद कर सकता हूँ,

लेकिन तुरंत नहीं।

यथार्थवादी समयसीमा यह है: ___."

4) जब स्पष्टता चाहिए

"कृपया इसकी प्राथमिकता स्पष्ट करें

ताकि मैं अपने वर्कलोड को सही तरह प्रबंधित कर सकूँ।"

5) जब मीटिंग अनावश्यक लगे

"क्या आप इसका सारांश भेज सकते हैं?

अगर मुझे इनपुट देना होगा,

तो मैं जवाब दे दूँगा।"

ये वाक्य assertive हैं,

लेकिन आक्रामक नहीं।

5.7 "बाउंडरी स्टेटमेंट" नियम

हर पेशेवर को एक स्पष्ट

सीमा वक्तव्य चाहिए–

एक छोटा सा नियम

जो आपकी निजी ज़िंदगी की रक्षा करता है।

उदाहरण:

- "मैं 8 बजे के बाद काम नहीं करता।"
- "मैं अनावश्यक मीटिंग में शामिल नहीं होता।"
- "मैं ईमेल सिर्फ 11 बजे और 4 बजे चेक करता हूँ।"
- "वीकेंड मेरा निजी समय है।"

आप नियम चुनते हैं।
आप नियम का पालन करते हैं।
आप इसके लिए माफी नहीं माँगते।

5.8 जब कोई आपकी सीमा तोड़ने की कोशिश करे

आप को pushback मिलेगा।
लोग आपकी उपलब्धता खोना पसंद नहीं करेंगे।

कैसे संभालें:

1. **शांत रहें और अपनी सीमा दोहराएँ**
   न बहस, न स्पष्टीकरण।

बस सीमा दोहरा दें।

2. **विकल्प दें**

   “अभी नहीं – लेकिन मैं यह कर सकता हूँ।”

3. **संगत रहें**

   यदि आप एक बार सीमा तोड़ेंगे,

   लोग इसे हमेशा तोड़ेंगे।

4. **बहुत अधिक विवरण न दें**

   सरल, प्रोफेशनल कारण काफी है।

5.9 वीकेंड नियम

यदि आपका वीकेंड:

- काम पूरा करने
- थकावट से उबरने
- संदेशों के जवाब देने
- लंबित काम खत्म करने

में निकल जाता है,

तो समस्या काम की नहीं–
सीमा की है।

वीकेंड पर कठोर सीमाएँ बनाएं:

- वर्क चैट बंद
- लैपटॉप शुक्रवार शाम के बाद नहीं
- ऑफिस गॉसिप नहीं
- व्यक्तिगत समय *जानबूझकर* प्लान करें

वीकेंड **रिकवरी** के लिए है।
यदि वीकेंड सिर्फ सर्वाइवल बन जाए,
तो संतुलन पहले ही टूट चुका है।

5.10 "ना" कहने से वर्क-लाइफ़ बैलेंस कैसे सुधरता है

जब आप रणनीतिक रूप से "ना" कहते हैं:

- डीप वर्क सुरक्षित रहता है

- मानसिक अव्यवस्था कम होती है
- आप दूसरों का तनाव नहीं उठाते
- नियंत्रण की भावना बढ़ती है
- काम की गुणवत्ता बेहतर होती है
- अपने लिए समय बनता है
- फर्जी तात्कालिकताएँ गायब होती हैं

"ना" आपकी पेशेवर और व्यक्तिगत जिंदगी दोनों को सुधारता है।

5.11 सारांश

आपने सीखा:

- पेशेवर लोग सीमाओं से क्यों डरते हैं
- कमजोर सीमाओं की असली कीमत
- हर पेशेवर के लिए 4 आवश्यक सीमाएँ

- **कब "ना" कहना चाहिए**

- **प्रोफेशनल तरीके से मना कैसे करें**

- **pushback कैसे संभालें**

- **वीकेंड की रक्षा क्यों ज़रूरी है**

अब आप तैयार हैं

अध्याय 6 के लिए –

जहाँ आप सीखेंगे *बिना बर्नआउट हुए उत्पादक कैसे रहें।*

अध्याय - 6 : बर्नआउट के बिना उत्पादकता

6.1 "ज़्यादा घंटे = ज़्यादा परिणाम" - यह झूठ

पेशेवर देर तक काम करने पर गर्व करते हैं,
जैसे यह कोई सम्मान हो।

लेकिन सच यह है:

6-7 घंटे के बाद आपका दिमाग
उच्च गुणवत्ता वाला काम करना बंद कर देता है।

इसके बाद का काम होता है:

- धीमा
- गलतियों से भरा
- कम गुणवत्ता वाला

आप बर्नआउट इसलिए नहीं होते
क्योंकि आप *कड़ी मेहनत* करते हैं–
आप इसलिए बर्नआउट होते हैं क्योंकि आप *अप्रभावी* मेहनत करते हैं।

अगर लंबे घंटे सफलता की कुंजी होते,
तो हर थका हुआ कर्मचारी करोड़पति होता।

6.2 डीप वर्क बनाम शैलो वर्क

हर नौकरी में केवल दो तरह का काम होता है:

1) डीप वर्क

वह काम जिसमें गहरी सोच की ज़रूरत होती है।

उदाहरण:

- रणनीति
- योजना
- विश्लेषण
- रिपोर्ट लिखना

- समस्याओं का समाधान

डीप वर्क वास्तविक परिणाम देता है–
 लेकिन इसके लिए **बिना रुकावट के फोकस** चाहिए।

2) शैलो वर्क

ऐसे कार्य जो व्यस्त तो रखते हैं
 लेकिन मूल्य कम देते हैं।

उदाहरण:

- ईमेल
- छोटे एडमिन कार्य
- फॉलो-अप
- स्टेटस अपडेट
- व्हाट्सऐप/स्लैक चैट

शैलो वर्क ज़रूरी है,
 लेकिन दिन पूरा इससे भर जाना
 आपको कहीं नहीं पहुँचाता।

नियमः

डीप वर्क पहले करें, शैलो वर्क बाद में।

जो पेशेवर सुबह का समय
ईमेल और छोटे कामों में बर्बाद कर देते हैं,
वे दिन के सबसे अच्छे फोकस घंटे खो देते हैं–
और फिर थककर डीप वर्क करने की कोशिश करते हैं।

यह बर्नआउट का सीधा रास्ता है।

6.3 आपकी ऊर्जा चक्र : उत्पादकता की लहर

आपकी ऊर्जा पूरे दिन समान नहीं रहती।

अधिकतर पेशेवरों का उच्च फोकस समय:

- **9:30 AM – 12:00 PM**
  या
- **10:00 AM – 1:00 PM**

यह समय **डीप वर्क** के लिए सबसे प्रभावी है।

कम ऊर्जा का समय:

- **दोपहर के बाद**
- **देर शाम**
- **दिन खत्म होने से पहले**

उपयोग कैसे करें:

- डीप वर्क → पीक एनर्जी में
- मीटिंग/एडमिन → लो एनर्जी में
- क्रिएटिव काम → सुबह
- निर्णय लेने वाले काम → मानसिक रूप से ताज़ा समय में

ऊर्जा के अनुसार काम करने से
अतिरिक्त घंटे लगाने की ज़रूरत घट जाती है।

6.4 "फोकस विंडो" तकनीक

फोकस विंडो =
25–45 मिनट की गहन एकाग्रता वाली अवधि।

कैसे करें:

1. एक कार्य चुनें
2. सभी नोटिफिकेशन बंद
3. फोन दूर रखें
4. बिना किसी व्यवधान के काम करें
5. 5-10 मिनट का ब्रेक
6. 3-6 बार दोहराएँ

यह तकनीक
बिखरे हुए 8 घंटे के काम से
कहीं ज़्यादा प्रभावी है।

6.5 ब्रेक लेना वैकल्पिक नहीं है – यह जैविक आवश्यकता है

ब्रेक आलस नहीं है।
आपका दिमाग केमिकल्स को रीसेट करने के लिए
ब्रेक की माँग करता है।

ब्रेक न लेना =

बर्नआउट को आमंत्रण देना।

सही ब्रेक संरचना:

- हर 30-45 मिनट पर 5 मिनट
- हर 2 घंटे पर 15 मिनट
- 3 डीप वर्क साइकल के बाद 30-45 मिनट

ब्रेक सुधारते हैं:

- फोकस
- मेमोरी
- रचनात्मकता
- भावनात्मक स्थिरता

जो लोग ब्रेक नहीं लेते,

वे जल्दी चिड़चिड़े, धीमे

और गलतियों से भरे हो जाते हैं।

6.6 ओवरकमिटमेंट की समस्या

बहुत कुछ ले लेना

उत्पादकता का सबसे बड़ा दुश्मन है।

क्यों?

- ध्यान बंट जाता है
- तनाव बढ़ जाता है
- गुणवत्ता गिरती है
- दिन लंबा खिंचता है

हर "हाँ" कहना =

अपनी प्राथमिकताओं को "ना" कहना।

स्वयं से पूछें:

- "क्या यह वास्तव में महत्वपूर्ण है?"
- "क्या मेरे पास क्षमता है?"
- "क्या इससे मैं बर्नआउट की तरफ जाऊँगा?"

अगर जवाब "नहीं" है,
तो मना करें या समय सीमा बदलें।

6.7 व्यवधानों को प्रोफेशनल तरीके से संभालना

हर व्यवधान आपकी एकाग्रता को तोड़ देता है।
एक बार फोकस टूटने के बाद
वापस ट्रैक पर आने में 5-20 मिनट लगते हैं।

सामान्य व्यवधान:

- सहकर्मी का अचानक आ जाना
- व्हाट्सऐप संदेश
- बेकार कॉल
- अनावश्यक मीटिंग
- नोटिफिकेशन

कैसे रोकें:

- डीप वर्क के दौरान "परेशान न करें"
- इयरफ़ोन (भले ही संगीत न बजे)
- यदि संभव हो तो दरवाज़ा थोड़ा बंद
- सहकर्मियों को अपने फोकस घंटे बताना
- संदेश चेक करने के लिए निर्धारित समय

फोकस की सुरक्षा = उत्पादकता की सुरक्षा।

6.8 "दो घंटे का नियम"

हर दिन
2 घंटे बिना व्यवधान के काम करें।
न मीटिंग, न कॉल, न चैट।

ये 2 घंटे
अक्सर आपके दिन का 80%
अर्थपूर्ण आउटपुट देते हैं।

जो पेशेवर यह आदत बना लेते हैं,
वे दूसरों से कहीं तेज़ आगे बढ़ते हैं।

6.9 बर्नआउट पहचानने की चेकलिस्ट

अगर इनमें से 4 या अधिक संकेत

आप पर लागू होते हैं,

तो आप "व्यस्त" नहीं–

बर्नआउट की तरफ बढ़ रहे हैं:

- **सुबह उठकर भी थकान**
- **काम में रुचि कम होना**
- **छोटी बातों पर चिड़चिड़ापन**
- **ध्यान न लगना**
- **दिन चलाने के लिए कैफीन ज़रूरी**
- **जो काम पहले आसान थे, अब भारी लगना**
- **भावनात्मक बोझ**
- **वीकेंड पर सिर्फ रिकवरी**
- **रात में काम के बारे में सोचना**
- **सोमवार का डर**

6.10 रिकवरी नियम : धीमे हों ताकि तेज़ चल सकें

तनाव बढ़ने पर लोग
और ज़्यादा मेहनत करने लगते हैं–
यही सबसे बड़ी गलती है।

सही तरीका:

गति कम → रिकवरी → स्पष्टता वापस → बेहतर काम

रिकवरी कैसे करें:

- पर्याप्त नींद
- कम स्क्रीन टाइम
- छोटे-छोटे ब्रेक
- पानी अधिक पीना
- कार्य सौंपना
- टहलना
- रात में डिजिटल डिस्कनेक्शन

रिकवरी आपकी उत्पादकता बढ़ाती है।

6.11 बिना वर्कहोलिक बने प्रोडक्टिव कैसे रहें

ब्लूप्रिंट:

- सुबह डीप वर्क
- फोकस विंडो
- संरचित ब्रेक
- मल्टीटास्किंग से बचें
- रुकावटें सीमित करें
- ओवरकमिटमेंट न करें
- रोज़ 2 घंटे सुरक्षित रखें
- बर्नआउट संकेतों पर नज़र रखें
- व्यक्तिगत समय की रक्षा करें

- रोज़ थोड़ी रिकवरी करें

आपको ज़्यादा घंटे नहीं चाहिए–
आपको बेहतर आदतें चाहिए।

6.12 सारांश

आपने सीखाः

- डीप वर्क और शैलो वर्क का अंतर
- ऊर्जा चक्र का सही उपयोग
- फोकस विंडो
- ब्रेक कैसे आपकी उत्पादकता बचाते हैं
- ओवरकमिटमेंट का नुकसान
- व्यवधानों को नियंत्रित करना
- बर्नआउट पहचान
- टिकाऊ उत्पादकता की आदतें

अध्याय - 7 : भावनात्मक और मानसिक सेहत

7.1 भावनात्मक स्वास्थ्य संतुलन की नींव क्यों है

अधिकतर लोग सोचते हैं कि वर्क-लाइफ़ बैलेंस
शेड्यूल, समय प्रबंधन और रूटीन का खेल है।

गलत।

अगर आपकी भावनात्मक और मानसिक स्थिति अस्थिर है,
तो दुनिया का कोई भी टाइम मैनेजमेंट सिस्टम
आपको नहीं बचा सकता।

आपका मन प्रभावित करता है:

- आपके निर्णय
- आपकी प्रतिक्रियाएँ
- आपकी ऊर्जा

- आपके रिश्ते
- आपका फोकस
- आपकी जीवन संतुष्टि

मानसिक स्वास्थ्य को अनदेखा करना
उच्च क्षमता वाली मशीन में बिना तेल चलाने जैसा है –
एक दिन यह रुक जाती है।

7.2 क्रोनिक तनाव भावनात्मक स्थिरता को कैसे नष्ट करता है

तनाव सिर्फ "सोच" नहीं है।
यह दिमाग और शरीर में वास्तविक बदलाव लाता है।

क्रोनिक तनाव के प्रभाव:

- मूड स्विंग
- चिड़चिड़ापन
- चिंता

- भावनात्मक थकान
- धैर्य कम होना
- नकारात्मक सोच
- ध्यान में कमी

जब दिमाग ओवरलोड हो जाता है,
तो शांत रहना, निर्णय लेना
या किसी चीज़ का आनंद लेना कठिन हो जाता है।

जो पेशेवर इन शुरुआती संकेतों को नज़रअंदाज़ करते हैं,
वे एक समय पर दीवार से टकरा जाते हैं।

7.3 भावनात्मक नियंत्रण : वह कौशल जो कोई नहीं सिखाता

भावनात्मक नियंत्रण का मतलब
यह दिखावा करना नहीं है कि सब ठीक है।

इसका मतलब है
तनावपूर्ण स्थितियों में अपनी प्रतिक्रियाओं को संभालना।

कैसे करें:

1) अपने ट्रिगर पहचानें

क्या आपको तुरंत विचलित करता है:

- रूखा ईमेल
- आखिरी मिनट के बदलाव
- गैर-जरूरी माँगें
- नकारात्मक सहकर्मी
- भारी कार्यभार

जागरूकता = नियंत्रण की शुरुआत।

2) प्रतिक्रिया देने से पहले विराम लें

3-5 सेकंड का छोटा सा विराम

90% भावनात्मक गलतियों को रोक देता है।

3) प्रतिक्रिया दें, प्रतिक्रिया न करें

प्रतिक्रियाएँ भावनात्मक होती हैं।

उत्तर (response) सोच-समझकर दिए जाते हैं।

4) तथ्य और भावना अलग करें

"मुझे भारी लग रहा है"
इसका मतलब यह नहीं कि स्थिति भारी है।

यह फर्क पहचानना
भावनात्मक शक्ति है।

7.4 मानसिक स्वास्थ्य: जिसे पेशेवर अनदेखा करते हैं

मानसिक स्वास्थ्य प्रभावित होता है:

- आपकी नींद
- आपकी सोच
- आपका कार्य वातावरण
- आप कितनी बार डिस्कनेक्ट होते हैं
- शारीरिक गतिविधि
- आपके रिश्ते

- आपकी सीमाएँ

कई पेशेवर अपने लैपटॉप की
अपने दिमाग से बेहतर देखभाल करते हैं।

गिरते मानसिक स्वास्थ्य के संकेत:

- सामान्य दिनों में भी "भारीपन"
- रुचियाँ खत्म होना
- आसानी से चिड़चिड़ापन
- बातचीत में मानसिक रूप से शटडाउन
- भावनात्मक सुन्नता
- सामाजिक स्थितियों से बचना
- छोटी समस्याएँ भी बड़ी लगना

ये व्यक्तित्व नहीं –
चेतावनी संकेत हैं।

7.5 स्वस्थ दूरी : काम को काम पर ही छोड़ना

दूरी का मतलब
काम में रुचि कम होना नहीं है।

इसका मतलब है
काम को आपके निजी जीवन पर
कब्ज़ा नहीं करने देना।

स्वस्थ दूरी कैसे बनाएँ:

1) शटडाउन रिचुअल बनाएं

5 मिनट की सरल दिन-समापन आदत:

- टैब बंद करें
- आज क्या हुआ, संक्षेप में देखें
- कल के शीर्ष 3 कार्य लिखें
- लैपटॉप बंद करें
- मन को कार्य-मोड से बाहर निकालें

यह दिमाग को संकेत देता है:

"काम खत्म।"

2) रात में काम के ऐप न खोलें

एक बार खोलते ही
दिमाग फिर काम-मोड में लौट जाता है।

3) अपनी पहचान को नौकरी से अलग करें

आपका काम आपकी पहचान नहीं है।
आप उससे कहीं अधिक हैं।

7.6 अपराधबोध, दबाव और अपेक्षाएँ संभालना

अधिकतर पेशेवर
अपराधबोध के बोझ तले दबे रहते हैं:

- पर्याप्त काम न करने का
- आराम करने का
- "ना" कहने का

- गलतियाँ करने का

सच यह है:

- आराम आवश्यक है, स्वार्थ नहीं
- सीमाएँ पेशेवरता हैं, बदतमीज़ी नहीं
- “ना” गुणवत्ता बचाता है
- ओवरवर्क करना आपको मूल्यवान नहीं बनाता

दबाव तभी कम होता है
जब आप सबको खुश करने की कोशिश छोड़ते हैं।

7.7 माइंडफुलनेस (बिना आध्यात्मिक ड्रामा के)

माइंडफुलनेस का मतलब
पद्मासन में बैठकर घंटों ध्यान करना नहीं है।

इसका मतलब है
अपने दिमाग को वर्तमान क्षण में रखना।

पेशेवरों के लिए सरल माइंडफुल तकनीकें:

1) 30-सेकंड ब्रीदिंग रीसेट

- 4 सेकंड श्वास
- 2 सेकंड रोकें
- 6 सेकंड श्वास छोड़ें

  3 बार दोहराएँ।

तुरंत शांति।

2) माइक्रो-माइंडफुलनेस

रोज़मर्रा के छोटे क्षणों में:

- पानी पीते समय
- मीटिंग शुरू होने से पहले
- चलते समय

बस उस क्रिया पर ध्यान दें।

3) विचार लेबलिंग

जब मन भटकने लगे:

- “यह चिंता है।”
- “यह निराशा है।”
- “यह ओवरथिंकिंग है।”

लेबल लगाने से
भावना की पकड़ ढीली पड़ जाती है।

7.8 भावनात्मक दृढ़ता बनाना

Resilience का मतलब
तनाव से दूर भागना नहीं–
बल्कि दबाव में टूटे बिना टिकना है।

कैसे बनाएँ:

1) सपोर्ट सिस्टम मजबूत करें

उनसे बात करें
जो समझते हैं–
न कि जो ऊर्जा चूसते हैं।

2) अपूर्णता स्वीकार करें

परफेक्शनिज़्म
अपने ऊपर भावनात्मक अत्याचार है।

3) डिस्कनेक्ट करना सीखें

आराम उत्पादकता है।
नींद मेंटेनेंस है।
ब्रेक हीलिंग हैं।

4) विषैले इनपुट कम करें

बचें:

- गॉसिप
- नकारात्मक लोग
- लगातार खबरें
- ऑफिस राजनीति

आपका मन वही बनता है
जो आप उसे खिलाते हैं।

7.9 सेल्फ-टॉक की भूमिका

आप खुद से कैसे बात करते हैं,

वह आपकी भावनात्मक सेहत तय करता है।

नकारात्मक सेल्फ-टॉकः

- **"मैं असफल हो रहा हूँ।"**
- **"मैं पर्याप्त नहीं हूँ।"**
- **"सब मुझसे बहुत उम्मीद करते हैं।"**
- **"मैं सबको निराश कर रहा हूँ।"**

ये विचार भावनात्मक क्षमता कमजोर करते हैं।

इन्हें बदलें

फेक पॉज़िटिविटी नहीं–

यथार्थवादी संवाद सेः

- **"मैं आज सब नहीं कर सकता, यह ठीक है।"**
- **"मैंने काफी काम किया।"**
- **"यह एक-एक कदम में सम्भाला जा सकता है।"**
- **"मैं इसे मैनेज कर लूँगा।"**

यह मानसिक भार कम करता है।

7.10 भावनात्मक सुरक्षा योजना

हर पेशेवर को
तनावपूर्ण दिनों के लिए
एक सरल **इमोशनल सेफ्टी प्लान** चाहिए।

स्टेप्स:

1. 2 मिनट के लिए दूर जाएँ
2. एक धीमा साँस लेने का चक्र
3. ट्रिगर पहचानें
4. कार्य को छोटे भागों में बाँटें
5. नियंत्रण के साथ काम पर लौटें
6. ज़रूरत हो तो समयसीमा पुनः तय करें
7. दिन का अंत एक रिकवरी रूटीन से करें

यह छोटे तनावों को
बड़ी समस्या बनने से रोकता है।

7.11 सारांश

आपने सीखा:

- भावनात्मक स्वास्थ्य संतुलन की नींव क्यों है
- क्रोनिक तनाव दिमाग को कैसे प्रभावित करता है
- भावनाओं को नियंत्रित करने की तकनीकें
- मानसिक गिरावट के शुरुआती संकेत
- काम को काम पर छोड़ना
- अपराधबोध और अपेक्षाएँ संभालना
- माइंडफुलनेस के सरल तरीके
- भावनात्मक दृढ़ता कैसे बनती है
- इमोशनल सेफ्टी प्लान

अध्याय – 8 : वर्क-लाइफ़ बैलेंस के लिए स्वस्थ जीवनशैली

8.1 आपका शरीर आपके काम की गुणवत्ता क्यों तय करता है

अधिकतर पेशेवर

काम, डेडलाइन और मीटिंग्स को दोष देते हैं–

लेकिन असल समस्या अक्सर शरीर होती है:

- खराब नींद
- कोई गतिविधि नहीं
- गलत खान-पान
- लगातार स्क्रीन टाइम
- शून्य रिकवरी

आपका दिमाग एक **भौतिक अंग** है।

अगर शरीर कमजोर है,

तो दिमाग स्वाभाविक रूप से कमजोर चलता है।

जो लोग कहते हैं,

“मेरे पास स्वास्थ्य के लिए समय नहीं है,”

आखिर में बीमारियों के लिए समय देना पड़ता है।

8.2 नींद : आपकी सबसे शक्तिशाली प्रोडक्टिविटी टूल

कठोर सच:

नींद खराब = सब कुछ खराब।

नींद की कमी बिगाड़ती है:

- सुबह की ऊर्जा
- मनोबल
- भावनात्मक स्थिरता
- निर्णय क्षमता

- सोचने की गति
- तनाव सहनशक्ति
- मेमोरी

अधिकतर पेशेवर
नींद की बर्बादी को
"आदत" मान लेते हैं–
जबकि यह उनकी पूरी क्षमता छीन लेती है।

बेहतर नींद के नियम:

- 7–8 घंटे की नींद
- सोने-जागने का एक समान समय
- सोने से 30 मिनट पहले स्क्रीन बंद
- कम रोशनी और ठंडा कमरा
- हल्का रात का खाना
- बिस्तर में काम न करना

केवल नींद सुधार लेने से
आपके जीवन के हर क्षेत्र में सुधार आता है।

8.3 पोषण : अपने दिमाग को सही ईंधन देना

आपका दिमाग
आपकी ऊर्जा का लगभग 20% खाता है।

गलत खाना =
गलत सोचना।

पेशेवरों की आम पोषण गलतियाँ:

- नाश्ता छोड़ देना
- जल्दी में जंक फूड खाना
- बहुत ज़्यादा कैफीन
- भारी लंच जिससे सुस्ती
- भोजन के बीच लंबा गैप
- बहुत कम पानी

सही पोषण आदतें:

- हल्का लेकिन संतुलित नाश्ता
- हाई-प्रोटीन भोजन
- लंबे काम के दौरान छोटे-छोटे हेल्दी स्नैक्स
- कैफीन सीमित
- हर घंटे 1 गिलास पानी
- चीनी कम ताकि ऊर्जा स्थिर रहे

पोषण डाइट नहीं–
मानसिक प्रदर्शन है।

8.4 शारीरिक गतिविधि : तनाव का असली इलाज

लोग मानते हैं कि
व्यायाम वजन के लिए है।

गलत।

व्यायाम सुधारता है:

- तनाव सहनशक्ति
- फोकस
- मूड
- नींद
- याददाश्त
- भावनात्मक संतुलन

व्यस्त पेशेवर क्या कर सकते हैं:

- 20-30 मिनट तेज़ चलना
- घर के सरल वर्कआउट
- हर कुछ घंटों में स्ट्रेचिंग
- लिफ्ट की जगह सीढ़ियाँ
- ऑफिस या घर के बाद शाम की वॉक

- **काम के बीच छोटे मोबिलिटी व्यायाम**

जिम की ज़रूरत नहीं–

लगातार आदतों की ज़रूरत है।

8.5 छोटे दैनिक आदतों की शक्ति

छोटे कदम → बड़ी बदलावा।

उदाहरण:

- **उठते ही 1 गिलास पानी**
- **5 मिनट स्ट्रेचिंग**
- **खाने के बाद 10 मिनट चलना**
- **खाते समय स्क्रीन न देखना**
- **शेड्यूल्ड ब्रेक**
- **रात की एक शांत दिनचर्या**

पेशेवर बड़ी-बड़ी बदलावों के पीछे भागते हैं,

लेकिन स्थायी बदलाव

छोटी आदतों से आता है।

8.6 स्वस्थ कार्यस्थल बनाना

आपका कार्य वातावरण

आपकी मानसिक और शारीरिक स्थिति तय करता है।

गलत कार्य वातावरण:

- बिखरी हुई मेज़
- कम रोशनी
- गलत कुर्सी
- शोर
- नौकरी और घर का एक ही स्पेस

सही सुधार:

- मेज़ पर सिर्फ ज़रूरी चीज़ें
- सही बैठने की मुद्रा
- आरामदायक कुर्सी
- पर्याप्त रोशनी

- नॉइज़ कैंसिलिंग इयरफ़ोन
- काम और व्यक्तिगत स्थान में अंतर

आपका कार्यस्थल
दिमाग को शांत रखना चाहिए-
न कि परेशान।

8.7 दिन का उजाला और मूवमेंट

धूप:

- आपका मूड बढ़ाती है
- circadian rhythm नियंत्रित करती है
- नींद सुधारती है
- ऊर्जा बढ़ाती है

अंधेरे और कृत्रिम प्रकाश में काम करने से:

- धीमापन
- सिरदर्द

- थकान
- कम फोकस

सुधारः

- दिन की शुरुआत धूप से करें
- छोटे आउटडोर ब्रेक लें
- खिड़की के पास बैठें

धूप + मूवमेंट = तुरंत ऊर्जा।

8.8 दिन के अंत की थकान को कैसे रोकें

अगर आप रोज़
काम के बाद ढह जाते हैं,
तो यह संकेत है कि दिनभर कुछ गलत हो रहा है।

आम कारणः

- लगातार ओवरवर्क
- भारी भोजन

- ब्रेक की कमी
- पानी कम
- ज्यादा देर बैठना
- मानसिक दबाव

सही उपाय:

- हल्का रात का खाना
- शाम की 10–20 मिनट की वॉक
- 30 मिनट स्क्रीन-फ्री समय
- ऑफिस से निकलने से पहले हल्का हाइड्रेशन
- 1 मिनट गहरी साँस
- घर पहुँचते ही भारी भावनात्मक बातचीत न करें

दिन को सही तरीके से खत्म करना
जीवन की गुणवत्ता बढ़ाता है।

8.9 टिकाऊ स्वास्थ्य दिनचर्या बनाना

परफेक्ट रूटीन नहीं चाहिए–

दोहराने योग्य रूटीन चाहिए।

सरल और प्रभावी दैनिक चक्र:

सुबह:

- एक ही समय पर उठना
- हल्का मूवमेंट
- स्वस्थ नाश्ता

काम के दौरान:

- हर घंटे पानी
- छोटे ब्रेक
- हर 2–3 घंटे स्ट्रेच
- संतुलित लंच

शाम:

- वॉक या हल्का व्यायाम
- काम से डिस्कनेक्ट
- जल्दी और हल्का भोजन
- शांत bedtime रूटीन

रात:

- सोने से पहले स्क्रीन न देखें
- 7-8 घंटे की नींद

यह रूटीन व्यस्त पेशेवरों के लिए
पूरी तरह व्यावहारिक है।

8.10 सारांश

आपने सीखा:

- शरीर और दिमाग का संबंध
- नींद आपकी क्षमता कैसे बदल देती है

- **पोषण का मानसिक प्रदर्शन पर असर**
- **तनाव को रोकने वाली गतिविधियाँ**
- **कार्यस्थल सुधार**
- **धूप और मूवमेंट का महत्व**
- **दिन के अंत को कैसे सुधारें**
- **टिकाऊ स्वास्थ्य रूटीन**

अध्याय - 9 : डिजिटल अनुशासन

9.1 टेक्नोलॉजी चुपचाप आपका संतुलन कैसे नष्ट करती है

पेशेवर अक्सर काम के बोझ, डेडलाइन या बॉस को दोष देते हैं... जबकि आधुनिक असंतुलन का 60-70% कारण **डिजिटल अव्यवस्था** है:

- लगातार नोटिफिकेशन
- व्हाट्सऐप वर्क ग्रुप
- ईमेल ओवरलोड
- सोशल मीडिया स्क्रॉलिंग
- अनावश्यक कॉल
- देर रात संदेश

- बहुत सारे ऐप

टेक्नोलॉजी ने ऑफिस और घर की सीमा
पूरी तरह मिटा दी है।

आप घर पर होते हैं
लेकिन दिमाग अब भी ऑफिस मोड में।

डिजिटल अनुशासन अब विकल्प नहीं – आवश्यकता है।

9.2 नोटिफिकेशन का जाल

नोटिफिकेशन आपको ऐसे डिज़ाइन किए गए हैं
कि वह आपका ध्यान तुरंत तोड़ दें।

भले ही आप उन्हें न खोलें–
दिमाग विचलित हो जाता है।

निरंतर नोटिफिकेशन के परिणाम:

- ध्यान भंग
- चिंता
- चिड़चिड़ापन

- खराब नींद
- मानसिक ओवरलोड
- हर कुछ मिनट में फोन चेक करना
- कम उत्पादकता

फोन समस्या नहीं है–
नियमों की कमी समस्या है।

समाधान:

- सभी गैर-जरूरी नोटिफिकेशन बंद
- काम के ऐप ऑफिस घंटों के बाद म्यूट
- सोशल मीडिया के push अलर्ट बंद
- केवल ज़रूरी संपर्कों की कॉल/मैसेज की अनुमति

फोन आपका काम करे–
आप फोन का नहीं।

9.3 "हमेशा उपलब्ध" रहने की संस्कृति

आज की कार्य संस्कृति में
लोग तुरंत जवाब देने का दबाव महसूस करते हैं:

- वर्क व्हाट्सऐप ग्रुप
- स्लैक/टीम्स
- क्लाइंट मैसेज
- बॉस का अचानक पिंग

यह मानसिक दासता बन जाती है।

पैटर्न तोड़ें:

- निश्चित समय पर ही जवाब दें
- सहकर्मियों को स्पष्ट अपेक्षाएँ बताएं
- सरल संदेश का उपयोग करें:

**"अभी फोकस में हूँ,
थोड़ी देर में जवाब दूँगा।"**

आपको 24/7 उपलब्ध होने की आवश्यकता नहीं–
आपको प्रभावी होना है।

9.4 डिजिटल ओवरलोड : बहुत सारे ऐप, बहुत सारे इनपुट

आप रोज़ संभालते हैं:

- व्हाट्सऐप
- स्लैक
- ईमेल
- कैलेंडर
- जीरा / ट्रेलो
- सोशल मीडिया
- बैंकिंग ऐप
- न्यूज़ ऐप

हर ऐप आपके दिमाग को
छोटे-छोटे झटके देता है।

समाधानः

- गैर-जरूरी ऐप हटाएँ
- बेकार न्यूज़लेटर से सदस्यता रद्द
- फोन का होम स्क्रीन साफ़ करें
- सिर्फ ज़रूरी ऐप मुख्य स्क्रीन पर रखें
- लो-प्रायरिटी वर्क ग्रुप म्यूट करें

कम डिजिटल अव्यवस्था =
ज़्यादा मानसिक स्पष्टता।

9.5 "सोने से पहले फोन" समस्या

रात में फोन देखना
आपके दिमाग को गहरी क्षति पहुँचाता है।

यह बर्बाद करता है:

- नींद
- REM साइकिल
- सुबह की ऊर्जा

- भावनात्मक स्थिरता
- तनाव स्तर

सोने से पहले स्क्रॉल करना:

- चिंता
- ओवरथिंकिंग
- अशांत नींद
- बेचैनी

का सीधा कारण है।

समाधान:

- सोने से 30-45 मिनट पहले फोन बंद
- फोन बिस्तर से दूर रखें
- अलार्म के लिए अलग घड़ी
- रात में स्क्रीन की रोशनी कम रखें

बेहतर नींद = बेहतर जीवन।

9.6 डिजिटल-डिटॉक्स माइक्रो आदतें

पूर्ण डिजिटल डिटॉक्स हफ्ते भर गायब होने का नाम नहीं है।
यह छोटे-छोटे दैनिक नियंत्रणों से शुरू होता है।

उदाहरण:

- भोजन के समय फोन नहीं
- बाथरूम में फोन नहीं
- 10 मिनट की फोन-फ्री वॉक
- डीप वर्क के दौरान फोन साइलेंट
- काम के समय सोशल मीडिया बंद
- सुबह उठते ही फोन न देखें

छोटी डिटॉक्स आदतें → बड़ा मानसिक अंतर।

9.7 कार्य संबंधी ऐप का प्रोफेशनल उपयोग

अगर काम के ऐप आपकी शांति खा रहे हैं–
तो आप उन्हें गलत उपयोग कर रहे हैं।

सही तरीका:

- **“अंतिम बार देखा गया” और “पठन रसीदें” बंद**
- **ग्रुप चैट म्यूट**
- **ईमेल दिन में सिर्फ 2–3 बार**
- **तुरंत रिप्लाई करने की मजबूरी छोड़ें**
- **लंबी चैट के बजाय छोटे नोट्स**
- **लॉक स्क्रीन पर वर्क ऐप नोटिफिकेशन बंद**

आप तकनीक चलाएँ–
तकनीक आपको नहीं।

९.8 सोशल मीडिया : संतुलन का शांत हत्यारा

सोशल मीडिया नष्ट करता है:

- ध्यान
- समय
- मूड
- आत्मविश्वास
- मानसिक ऊर्जा

नुकसान धीरे-धीरे होता है–
इसलिए लोग समझ नहीं पाते।

सही तरीका:

- विषाक्त अकाउंट अनफ़ॉलो
- सीमित समय पर ही उपयोग
- नशे की लत वाली ऐप होम स्क्रीन से हटाएँ
- स्वतः प्ले बंद
- सुबह उठते ही स्क्रॉल न करें

सोशल मीडिया छोड़ना जरूरी नहीं–

उसे कंट्रोल करना जरूरी है।

१.९ डिजिटल सीमा नियम

एक कठोर नियम बनाएँ:

“ऑफिस समय के बाद

कोई भी वर्क ऐप ON नहीं।”

न:

- **“बस एक बार चेक कर लूँ”**
- **“5 मिनट ही लगेंगे”**
- **“बस एक ईमेल”**

यह 5 मिनट

हमेशा 45 मिनट बन जाते हैं।

डिजिटल सीमा बनाएँ:

- ऑफिस के बाद → पर्सनल मोड
- वीकेंड → वर्क ऐप बंद

- भोजन के दौरान → स्क्रीन बंद
- सोते समय → नोटिफिकेशन बंद

दिमाग को
गैर-टूटा हुआ समय चाहिए।

9.10 डिजिटल अनुशासन योजना

यहाँ एक सरल दैनिक डिजिटल अनुशासन रूटीन है:

सुबह:

- **उठते ही फोन नहीं**
- **नाश्ते तक सोशल मीडिया नहीं**

काम के दौरान:

- **सभी गैर-जरूरी नोटिफिकेशन बंद**
- **सिर्फ निर्धारित समय पर ईमेल/चैट**
- **डीप वर्क के दौरान फोन दूर**

- काम के समय पर्सनल स्क्रॉलिंग नहीं

शाम:

- फोन-फ्री डिनर
- ऑफिस घंटों के बाद वर्क ऐप म्यूट
- स्क्रीन की रोशनी कम रखें

रात:

- सोने से 30-45 मिनट पहले फोन बंद
- फोन बिस्तर से दूर

यह रूटीन किसी भी पेशेवर के लिए
पूरी तरह लागू करने योग्य है।

9.11 सारांश

आपने सीखा:

- डिजिटल अव्यवस्था संतुलन कैसे नष्ट करती है

- नोटिफिकेशन का मनोवैज्ञानिक नुकसान
- “हमेशा उपलब्ध” रहने की संस्कृति
- ऐप ओवरलोड
- सोने से पहले फोन का नकारात्मक प्रभाव
- दैनिक डिजिटल-डिटॉक्स आदतें
- कार्य ऐप का सही उपयोग
- सोशल मीडिया अनुशासन
- डिजिटल सीमाएँ और दैनिक योजना

अध्याय - 10 : दीर्घकालिक संतुलित जीवन की योजना बनाना

10.1 दीर्घकालिक संतुलन इच्छाशक्ति से नहीं, सिस्टम से बनता है

वर्क-लाइफ़ बैलेंस तब टूटता है
जब लोग निर्भर रहते हैं:

- मोटिवेशन
- मूड
- इच्छाशक्ति
- “समय मिलने पर कर लूँगा”
- न्यू ईयर रिज़ॉल्यूशन

ये सब अस्थायी हैं।

भावनाएँ बदलती हैं–

और साथ में आदतें भी टूट जाती हैं।

दीर्घकालिक संतुलन केवल बनता है:

- संरचना
- दिनचर्या
- सीमाएँ
- नियमित समीक्षा
- वास्तविक योजना

आप अपने लक्ष्यों तक नहीं उठते–

आप अपने सिस्टम के स्तर तक गिरते हैं।

10.2 कार्य और निजी जीवन को लड़ाने के बजाय एकजुट करना

अधिकतर पेशेवर

काम और निजी जीवन को

दो दुश्मनों की तरह देखते हैं।

यह गलत दृष्टिकोण है।

सही तरीका है → **संरेखण**

ऐसी जीवनशैली बनाएँ जहाँ:

- **काम आपकी निजी जिंदगी को समर्थन दे**
- **और आपकी निजी आदतें आपके काम को मजबूत करें**

उदाहरण:

- **अच्छी नींद = बेहतर फोकस**
- **स्वस्थ रिश्ते = कम तनाव**
- **हॉबी = रचनात्मक दिमाग**
- **सीमाएँ = उच्च ऊर्जा**
- **प्लानिंग = कम अनिश्चितता**

जीवन के दोनों हिस्से
एक-दूसरे का समर्थन करें–
तभी संतुलन टिकता है।

10.3 संतुलित जीवन ढाँचा (5 भाग)

दीर्घकालिक संतुलित जीवन
5 स्तंभों पर खड़ा होता है:

1) उद्देश्य

आप क्यों काम करते हैं?

- आर्थिक स्थिरता
- करियर विकास
- जुनून
- ज़िम्मेदारी

उद्देश्य के बिना
काम दबाव लगता है–
प्रगति नहीं।

2) प्राथमिकताएँ

आपके लिए वास्तव में क्या महत्वपूर्ण है?

- स्वास्थ्य
- रिश्ते
- करियर
- सीखना
- व्यक्तिगत समय

अगर आप अपनी प्राथमिकताएँ खुद तय नहीं करेंगे,
तो कोई और आपके लिए तय कर देगा।

3) सीमाएँ

मानसिक और व्यक्तिगत स्थान की रक्षा:

- काम के घंटे
- वीकेंड नियम
- स्क्रीन सीमाएँ
- मीटिंग सीमाएँ
- "ना" बोलने की कला

सीमाएँ आपकी ढाल हैं।

4) सिस्टम

दैनिक और साप्ताहिक आदतें:

- साप्ताहिक योजना
- डीप वर्क शेड्यूल
- डिजिटल अनुशासन
- स्वास्थ्य रूटीन
- रिकवरी रिचुअल

सिस्टम इच्छाशक्ति से कहीं मजबूत होते हैं।

5) समीक्षा

क्या काम कर रहा है, क्या नहीं?

- साप्ताहिक रिव्यू
- मासिक रीसेट

- त्रैमासिक लक्ष्य

बिना समीक्षा के
कोई भी आदत लंबे समय तक नहीं टिकती।

10.4 अपनी साप्ताहिक संतुलित जीवन योजना बनाना

एक संतुलित सप्ताह
इन पाँच भागों में संतुलन लाता है:

1) कार्य लक्ष्य

2-4 वास्तविक और महत्वपूर्ण लक्ष्य तय करें।

2) स्वास्थ्य लक्ष्य

- नींद
- 20-30 मिनट मूवमेंट
- पानी
- सरल पोषण नियम

3) रिश्तों का समय

रिश्ते अपने आप नहीं संभलते।

उन्हें समय देना पड़ता है–

इसे शेड्यूल करें।

4) व्यक्तिगत समय

- हॉबी
- आराम
- पढ़ना
- रचनात्मकता

5) सीमाएँ

- डीप वर्क विंडो
- डिजिटल नियम
- नो-वर्क आवर्स

6) साप्ताहिक समीक्षा

एक स्लॉट रखें:

- क्या अच्छा हुआ?
- क्या तनाव दिया?
- क्या बदलना चाहिए?

संतुलन बनता नहीं–
बनाया जाता है।

10.5 मासिक रीसेट : भटकाव को नुकसान बनने से पहले रोकना

हर 30 दिन में सरल जाँच:

1) स्वास्थ्य जाँच

- नींद कैसी?
- तनाव स्तर?
- सुबह की ऊर्जा?

2) काम जाँच

- क्या आप स्मार्ट काम कर रहे हैं
  या सिर्फ़ ज़्यादा घंटे लगा रहे हैं?

3) व्यक्तिगत जीवन जाँच

- क्या आप उन चीज़ों के लिए
  समय निकाल रहे हैं जो वास्तव में महत्व रखती हैं?

4) डिजिटल जाँच

- क्या फिर से रात में फोन पर स्क्रॉलिंग बढ़ गई है?

5) समायोजन योजना

- कौन-सी आदतें सुधारनी हैं
- किन्हें हटाना है
- किन्हें जोड़ना है

स्थिरता > पूर्णता

10.6 अपनी दीर्घकालिक जीवन दृष्टि बनाना

दीर्घकालिक संतुलन
स्पष्ट दिशा मांगता है।

खुद से पूछें:

- 5 साल बाद मैं कहाँ होना चाहता हूँ?
- मैं किस प्रकार का वर्क-लाइफ़ रिदम चाहता हूँ?
- आर्थिक और भावनात्मक जीवन कैसा होना चाहिए?
- कौन-सी आदतें मैं स्थायी रूप से चाहता हूँ?
- मैं किन चीज़ों को अब और बर्दाश्त नहीं करूँगा?

लंबी दृष्टि =
दैनिक निर्णयों में स्पष्टता।

10.7 रीसेट-और-पुनर्निर्माण सूत्र

जीवन कभी-कभी अव्यवस्थित हो जाता है।
उस समय यह 3-स्टेप फॉर्मूला अपनाएँ:

स्टेप 1: ठहरें

24-48 घंटे के लिए मानसिक गति कम करें।

स्टेप 2: सरलीकरण

- अनावश्यक कार्य हटाएँ
- ओवरकमिटमेंट कम करें
- डिजिटल क्लटर साफ़ करें

स्टेप 3: फिर शुरू करें

अपने वर्तमान जीवन परिस्थितियों के आधार पर
नई, हल्की, व्यावहारिक रूटीन शुरू करें।

यह फॉर्मूला बड़े तनाव को
गिरावट बनने से रोकता है।

10.8 पेशेवर दीर्घकालिक संतुलन क्यों नहीं बनाए रख पाते

कारण:

- सब कुछ एक साथ बदलने की कोशिश
- सीमाएँ न बनाना
- परफेक्शनिज़्म
- भावनात्मक स्वास्थ्य की अनदेखी
- आदतों का ट्रैक न रखना
- डिजिटल अव्यवस्था
- समीक्षा न करना

संतुलन एक बार नहीं बनता–
यह एक **निरंतर प्रक्रिया** है।

10.9 एक सरल दीर्घकालिक संतुलित जीवन योजना

दैनिक:

- डीप वर्क ब्लॉक
- छोटे ब्रेक
- 20-30 मिनट शरीर की गतिविधि
- डिजिटल अनुशासन
- दिन का शटडाउन रिचुअल

साप्ताहिक:

- सप्ताह की योजना
- तनाव के कारणों की समीक्षा
- प्राथमिकताएँ तय करना
- वीकेंड को सुरक्षित रखना

मासिक:

- रूटीन सुधार
- स्वास्थ्य और ऊर्जा जाँच

- बुरी आदतें हटाना
- 1-2 सुधार लक्ष्य

यह वास्तविक जीवन में लागू करने योग्य
और टिकाऊ सिस्टम है।

10.10 सारांश

आपने सीखा:

- दीर्घकालिक संतुलन इच्छाशक्ति से नहीं- सिस्टम से आता है
- कार्य और निजी जीवन को एकजुट करना
- 5-भाग का संतुलन ढाँचा
- साप्ताहिक और मासिक रूटीन
- रीसेट फॉर्मूला
- संतुलन को नष्ट करने वाली सामान्य गलतियाँ
- एक व्यावहारिक दीर्घकालिक योजना

निष्कर्ष - सब कुछ एक साथ जोड़ते हुए

पुनर्चक्रण करना : संतुलन का असली अर्थ

वर्क-लाइफ़ बैलेंस

कोई परफेक्ट शेड्यूल,

जादुई दिनचर्या,

या तनाव-रहित जीवन नहीं है।

इसका असली अर्थ है:

आपका समय, ऊर्जा, ध्यान और भावनाओं पर

आपका नियंत्रण।

जीवन अनिश्चित रहेगा,

काम कभी स्थिर नहीं रहेगा,

माँगें बदलती रहेंगी–

लेकिन संतुलन इसी में है

कि आप खुद को खोए बिना

इन सबको संभालें।

ज्यादातर लोग सोचते हैं
कि संतुलन "कभी भविष्य में" आएगा।

लेकिन संतुलन रोज़ बनाया जाता है–
छोटे निर्णयों से,
सीमाओं से,
रूटीन से,
जागरूकता से।

यदि आप इस समझ तक पहुँच चुके हैं,
तो आप पहले ही
बहुत से लोगों से आगे हैं।

इस पुस्तक से आपको क्या लाभ हुआ

इन अध्यायों में आपने सीखा:

- असंतुलन दिमाग और शरीर में कैसे शुरू होता है
- तनाव, आदतें और समय का वास्तविक मूल्यांकन
- प्राथमिकताओं और सीमाओं से अपने दिन की सुरक्षा
- बिना बर्नआउट हुए उत्पादक रहना

- भावनात्मक और मानसिक स्पष्टता बनाए रखना
- स्वास्थ्य आदतें जो ध्यान और ऊर्जा को मजबूत करती हैं
- डिजिटल दुनिया को नियंत्रित करना
- दीर्घकालिक संतुलन के सिस्टम बनाना

यह कोई मोटिवेशनल किताब नहीं थी–
यह एक **मैन्युअल** था।
इसका मूल्य तभी मिलेगा
जब आप इसे लागू करेंगे।

आपका अगला कदम : वह जीवन चुनें जो आप जीना चाहते हैं

अब आपके पास
एक संतुलित, स्थिर और टिकाऊ जीवन बनाने के
सभी उपकरण हैं।

लेकिन कोई भी उपकरण
बेकार होता है
यदि उसे उपयोग न किया जाए।

इसलिए इंतज़ार न करें:

- न कल तक
- न अगले हफ्ते तक
- न "जब चीज़ें शांत होंगी" तक

आज से शुरू करें।

एक सरल कदम उठाएँ:

- एक स्पष्ट "शटडाउन का समय" बनाएँ
- गैर-जरूरी नोटिफिकेशन बंद करें
- नींद की दिनचर्या सुधारें
- 20 मिनट की दैनिक गतिविधि जोड़ें
- साप्ताहिक योजना बनाएं
- किसी एक अनावश्यक कार्य को "ना" कहें
- एक डीप वर्क ब्लॉक को गंभीरता से निभाएँ

छोटे कदम,

लगातार उठाए गए–

बड़े बदलाव लाते हैं।

आगे बढ़ने के लिए एक सरल अनुस्मारक

आपको परफेक्ट बनने की ज़रूरत नहीं।

आपको **समझदारी से चुनने** की ज़रूरत है।

संतुलन का मतलब

तनाव से भागना नहीं–

बल्कि जीवन को

स्पष्टता, शांति और नियंत्रण के साथ जीना है।

आपकी नौकरी बदलेगी,

ज़िम्मेदारियाँ बदलेंगी,

परिस्थितियाँ बदलेंगी–

लेकिन आपने जो सिस्टम सीखे हैं,

वे आपके साथ रहेंगे।

यह पुस्तक आपको रास्ता दिखाती है।

सफर आपका है।

एक ऐसा जीवन बनाएँ

जिससे आपको भागना न पड़े।

यही सच्चा वर्क-लाइफ़ बैलेंस है।

लेखक परिचय

धर्मिल हिरानी एक सीखने वाले,
लगातार स्वयं को बेहतर बनाने वाले
और व्यावहारिक समाधान खोजने वाले
पेशेवर हैं।

उन्हें उत्पादकता,
भावनात्मक स्वास्थ्य
और टिकाऊ कार्य आदतों में
गहरी रुचि है।

यह पुस्तक उस वास्तविक समझ से उत्पन्न हुई है
जो उन्होंने आधुनिक कार्यबल में
लोगों को सामना करते हुए देखी है–

- लगातार डेडलाइन
- डिजिटल ओवरलोड
- दबाव का बोझ
- और संतुलन बनाए रखने का संघर्ष

धर्मिल का उद्देश्य जटिल विचारों को
सरल, लागू करने योग्य तरीकों में बदलना है–
ताकि आम लोग
उन्हें तुरंत उपयोग कर सकें।

यह पुस्तक उसी प्रयास का हिस्सा है–
एक ऐसी दुनिया में स्पष्टता लाने का प्रयास
जहाँ सलाह बहुत है,
लेकिन व्यावहारिक समाधान कम।

www.ingramcontent.com/pod-product-compliance
Lightning Source LLC
LaVergne TN
LVHW050934210926
848482LV00013B/616
* 9 7 9 8 9 0 2 0 7 8 6 5 4 *